AF289732

ORGANISER UN WORKSHOP EFFICACE

Les étapes-clés d'une réunion productive

Par Maïlys Charlier

50MINUTES.fr

ORGANISER UN WORKSHOP EFFICACE

- **Problématique ?** Comment préparer un workshop et atteindre ses objectifs en quelques étapes ?
- **Utilité ?** La dynamique collective permet un meilleur apprentissage et stimule la créativité des individus.
- **Contexte professionnel ?** Formations, initiations professionnelles, team building, réorientation professionnelle, travail en équipe.
- **FAQ ?**
  - Quelles sont les règles d'or d'un workshop efficace ?
  - Comment sélectionner les participants ?
  - Comment organiser un workshop sur plusieurs jours ?
  - Comment garder ses participants motivés tout au long de l'événement ?
  - Comment gérer les imprévus pendant le workshop ?
  - Quelle importance revêt le débriefing ?

- Quelles sont les qualités requises pour être un bon organisateur ?
- Quels sont les aspects techniques à prendre en compte ?

Un workshop, qu'est-ce que c'est ? Vous avez sans doute déjà entendu ce mot, pourtant sa définition vous paraît peut-être encore floue. Vous pensez à un nouveau magasin ? Eh bien non, il s'agit d'un atelier de travail où plusieurs spécialistes et amateurs se réunissent et interagissent autour d'un thème précis et prédéfini. Dans un contexte où la gestion de projet et le management d'équipe se développent considérablement dans les entreprises, il s'avère être un outil incontournable et très utile.

Vous souhaitez former votre équipe professionnelle aux nouvelles technologies ? Mettre à jour vos compétences dans les réseaux sociaux ? Uniformiser la stratégie marketing de votre entreprise ? Le workshop peut vous aider à atteindre de nouveaux objectifs. En effet, ce rassemblement interactif favorise l'échange d'idées entre experts et non-initiés. Il suffit d'arrêter un sujet, de convoquer les personnes adéquates et de lancer la dynamique. Et quoi de mieux pour apprendre d'une spécialité que de partager avec des professionnels ?

Apprenez dès à présent à concevoir et à mettre en place un workshop efficace grâce aux clés de réussite que vous trouverez dans ce petit guide !

B.A.-BA DE L'ORGANISATION D'UN WORKSHOP

Un workshop, dans quel but ?

Les bénéfices d'un workshop sont pluriels :

- informer des personnes et vulgariser des connaissances ;
- acquérir de nouvelles compétences ;
- développer la créativité ;
- innover ;
- mais aussi résoudre des problèmes spécifiques.

Au sein d'une entreprise, le workshop peut être organisé en vue de trouver plus facilement une solution à un problème récurrent ou encore pour concevoir une nouvelle manière de travailler. Par exemple, pour redéfinir la stratégie web d'une société, un workshop pourrait réunir tous les intervenants de l'entreprise dans ce domaine (informaticiens, analystes, community manager, responsable communication, etc.). Il aurait alors une double fonction : renforcer le sentiment d'appartenance à l'équipe et motiver les employés.

Instaurer une « bulle de travail »

La dynamique de groupe est l'un des points essentiels d'un bon workshop, car c'est d'elle que dépend la cohésion de l'équipe et la réussite du projet. Comme le soulignent les spécialistes en management Anca Metiu et Nancy P. Rothbard dans une étude publiée en 2012 intitulée « Task Bubbles, Artifacts, Shared Emotion, and Mutual Focus of Attention: A Comparative Study of The Microprocesses of Group Engagement », un workshop sera plus efficace et productif si une bulle de travail est créée. Ces deux auteurs démontrent que la résolution des problèmes survient après des interactions « au sein de petits groupes éphémères » où « plusieurs facteurs favorisent une forte concentration collective ».

Cette bulle de travail permet au groupe de rester soudé, et de ne pas être influencé par des facteurs extérieurs. Les participants, généralement rassemblés en petites équipes, apprendront plus rapidement grâce à la dynamique de groupe ; les informations seront plus facilement assimilées, ce qui permettra d'accroître la motivation et la créativité de chacun. Durant votre workshop, veillez à multiplier les interactions et à stimuler la collaboration entre les participants afin d'instaurer cette bulle.

Les acteurs indispensables

Pour que votre atelier fonctionne, il faut également faire appel à des experts qui partageront leur expérience et leur savoir-faire. Un animateur doit être présent pour coordonner l'ensemble des activités, encadrer les participants et seconder les experts. Pour les workshops de courte durée (quelques heures), l'organisateur tient généralement aussi le rôle d'animateur. C'est lui qui gère le planning et annonce la fin de la séance. Au-delà d'une journée de workshop, il est primordial de prévoir une aide supplémentaire, de préférence un spécialiste en communication. Cette seconde personne s'occupera des participants et de l'aspect logistique afin de laisser l'organisateur et/ou l'animateur préparer les séances de travail.

Court ou long ?

Selon les besoins et les objectifs, la durée du workshop peut varier de quelques heures à une ou plusieurs journées.

- Plus le workshop est court, plus l'animateur et/ou l'organisateur doi(ven)t être préparé(s) et attentif(s) afin de créer cette bulle de travail, essentielle à la réussite de l'atelier.
- Plus le workshop est long, plus le sujet abordé sera traité en profondeur. Cela laisse aussi le temps aux participants de mieux se connaître, d'échanger et de poser leurs questions aux experts. Bien évidemment, si le workshop s'étend sur plusieurs jours, des pauses seront nécessaires afin que les séances de travail ne soient pas trop intenses.

À ÉVITER

Pour éviter qu'un mauvais climat ne s'installe au sein d'un groupe, l'organisateur veillera à maintenir dynamique globale positive. En effet, si certains participants ne sont pas motivés ou redoutent d'échanger leurs idées, l'effet négatif pourrait bien se répercuter sur l'ensemble des individus.

La théorie des 7P

Élaborée par James Macanufo, l'un des auteurs du célèbre ouvrage *Gamestorming*, la théorie des 7P permet de cerner les éléments essentiels d'un workshop.

- ***Purpose* (le but)** : quel est le but du workshop ? Pourquoi est-il organisé ?
- ***People* (les gens)** : qui participera ? Quelle est la cible ? Quels sont les rôles des personnes concernées ?
- ***Product* (le produit)** : quels en seront les bénéfices ?
- ***Process* (le déroulement)** : quelles sont les activités prévues ? Quel est le planning du workshop ?
- ***Preparation* (la préparation)** : les participants doivent-ils faire un travail de préparation ? Faut-il leur fournir des documents pour cela ?
- ***Practical concerns* (le côté pratique)** : que faut-il prévoir au niveau logistique ? Faut-il réserver des salles ? Faut-il prévoir un traiteur ?

- *Pitfalls* **(les pièges)** : quels sont les risques ?
Comment les gérer ou les éviter ?

Devenir un bon organisateur

Afin de gérer au mieux votre workshop :

- faites preuve de diplomatie pour mieux pallier les demandes et exigences de tous. Essayez de trouver des consensus pour désamorcer les conflits ;
- anticipez toutes situations ou problèmes éventuels. Cela évitera de ne pas avoir de solutions en cas d'imprévus ;
- restez enthousiaste afin de transmettre votre motivation aux participants et de favoriser le climat productif du workshop ;
- communiquez, car vous possédez toutes les informations. Il est important de ne rien oublier et de fournir tous les éléments aux participants et aux experts ;
- résistez au stress, cela vous aidera à mieux gérer d'éventuels conflits ou imprévus ;

> *« Lors de l'organisation d'un workshop, les questions et les problèmes affluent. Il faut pouvoir résister au stress pour gérer la situa-*

- manifestez de l'empathie, cela impactera l'humeur des participants ;
- soyez dynamique, cela suscitera une bonne ambiance et une motivation constante au sein des groupes de travail ;
- soyez polyvalent. Vous devrez effectuer toute une série de tâches par vous-même (brancher le vidéoprojecteur, imprimer les documents, arranger la salle, commander les taxis, préparer les cafés, etc.). Être un touche-à-tout sera un grand atout !

LES DIFFÉRENTES ÉTAPES À SUIVRE

La préparation

- **Élaborer une check-list.** Notez-y chaque phase de préparation et les éléments qui la composent. Elle servira de feuille de route à mesure que l'organisation de l'atelier avance.
- **Donner un titre clair et attractif** au workshop, une fois le sujet trouvé, afin qu'il soit bien compris de tous. Par exemple : comment

démarrer sa start-up ? Comment redéfinir la stratégie web de votre entreprise ? Comment optimiser votre plan marketing ? Comment utiliser les réseaux sociaux pour mieux faire connaître votre société ? Si votre intitulé est flou, les individus hésiteront à s'inscrire.

- **Définir les objectifs**. Déterminez quelles sont les capacités ou les compétences que vous souhaitez développer chez les participants. Par exemple : maîtriser l'utilisation des réseaux sociaux, savoir établir un plan marketing, etc. Une fois les objectifs fixés, vous saurez dans quelle direction orienter votre workshop et surtout vous éviterez de parasiter les interventions avec des thèmes hors sujets.
- **Choisir et inviter les experts,** professeurs ou professionnels qui seront les plus aptes à répondre aux problématiques et aux attentes des participants. Par exemple : invitez un « Mark Zuckerberg » pour un workshop sur le lancement de sa start-up, demandez à des spécialistes du social networking de venir livrer leurs secrets lors d'un workshop sur les réseaux sociaux, proposez plusieurs experts marketing pour un workshop sur l'optimisation du plan marketing d'une entreprise, etc.

Il est important de bien cadrer et d'informer ces experts, afin qu'ils cernent les thèmes à traiter. Par ailleurs, une bonne communication avec eux est primordiale, tant pour l'aspect matériel (projecteur, appareils informatiques, documents à imprimer, etc.) que logistique (transports, hôtels, restauration, planning, etc.).

- **Sélectionner les participants.** Il vous faut en effet vous assurer de la bonne volonté des participants du workshop. Demandez une lettre de motivation, et éventuellement, par la suite, effectuez un entretien avec les candidats afin de retenir les plus motivés. Il est important d'ouvrir les inscriptions suffisamment à l'avance – sans oublier de notifier aux candidats les modalités et les délais de paiement – pour avoir assez de participants le jour J. Comptez du temps supplémentaire pour recevoir les paiements de tout le monde.
- **Choisir la date et le lieu.** Avant d'arrêter un jour, vérifiez au préalable que d'autres événements n'ont pas lieu au même moment et évitez les périodes peu pratiques comme la rentrée scolaire, la veille de jours fériés, les vacances scolaires, etc. Prévenez chacun de

la date suffisamment à l'avance afin de vous assurer de leur disponibilité. Il est préférable de proposer un workshop en semaine, car le week-end est généralement réservé à la vie privée. De plus, pensez à organiser votre atelier en basse saison, les salles et les hôtels seront davantage vacants, et les prix moins élevés. Quant au lieu, l'important est d'obtenir une salle adaptée à la logistique (vidéoprojecteur, accès internet, confort, possibilité d'installer un traiteur, toilettes, etc.). Le standing de la salle varie en fonction de l'importance du workshop. Toutefois, un minimum de confort est nécessaire pour son bon déroulement. Enfin, la sélection du lieu se fait également par rapport à la facilité d'accès. Portez votre choix sur un site proche d'une gare ou d'un aéroport.

> « Pour un des workshops que j'organise, nous n'avions pas eu le temps d'aller vérifier la salle sur place. Quand nous sommes arrivés sur les lieux, nous avons constaté que la salle à côté de la nôtre était en travaux. Impossible de se concentrer et de travailler efficacement tellement il y avait du bruit ! » (Céline, chef de projet)

- **Établir un planning précis** (cette étape est d'autant plus importante si le workshop dure plusieurs jours). L'objectif poursuivi est ici de déterminer combien de temps durera l'atelier, quelle sera la durée des séances de travail, des mises en pratique, des pauses, etc. Gardez une certaine souplesse afin de pouvoir raccourcir ou rallonger une session si nécessaire. Le sujet du workshop doit être morcelé en plusieurs phases, de manière à garder l'attention des participants : un surplus d'informations et des séances trop longues leur feront perdre leur productivité et leur motivation. Ne laissez rien au hasard et pensez également aux heures où les participants seront plus attentifs ; inutile par exemple de rentrer dans le vif du sujet avant la pause de midi ou en fin de journée. Un programme bien conçu vous offrira une bonne vue d'ensemble sur les activités et vous permettra ensuite de pouvoir vérifier jour après jour le bon déroulement du workshop. N'hésitez pas à fournir le planning aux intervenants et experts afin qu'ils le valident. Un œil extérieur est toujours le bienvenu pour déceler d'éventuels conflits d'agenda ou incompatibilités.

« Lors du dernier workshop que j'ai organisé, en vérifiant une dernière fois la feuille de route de la journée, je me suis rendu compte qu'il y avait un problème dans le planning. L'un des experts n'arrivait qu'à midi et son intervention était planifiée à 10 heures. Heureusement, il était 8 heures du matin et nous avons pu rapidement modifier l'horaire et échanger son intervention avec la séance de travail d'un expert qui était arrivé la veille ! » (Selmi, assistante de production)

Le budget

Ne négligez pas l'aspect financier. Réunir experts et participants pendant un ou plusieurs jours génère un certain coût. Calculez un prébudget lors de votre préparation afin d'avoir une estimation la plus exacte possible des frais futurs. Si le workshop dure plusieurs jours, n'hésitez pas à recalculer votre budget au milieu de l'événement et de le réajuster si besoin.

Établissez ensuite l'ordre de vos priorités. Est-ce que le workshop nécessite un hôtel luxueux ? Un gîte à un prix plus abordable n'est-il pas suffisant ? Réfléchissez de la même manière en ce qui concerne le traiteur : les experts et participants ont-ils besoin de repas gastronomiques ? S'il faut bien évidemment ne pas négliger la bonne qualité des repas, les établissements cinq étoiles ne sont peut-être pas nécessaires. Ne soyez pas surpris si certains hôtels refusent de diminuer le prix de la facture. Essayez d'obtenir alors d'autres avantages : un confort supplémentaire, un service de luxe gratuit, les petits déjeuners compris, etc.

L'organisation technique

L'agencement de votre site sera déterminant pour le bon déroulement de l'atelier. Si vous avez un grand groupe, que vous scinderez en sous-groupes lors de certaines séances, optez pour une salle que l'on peut diviser en plusieurs espaces. Le confort n'est pas à négliger puisqu'il permettra aux participants d'être plus concentrés, et donc plus enclins à échanger.

Il est également important d'évaluer vos besoins techniques et de vérifier si la salle répond à ces derniers. Y a-t-il un vidéoprojecteur ? Y a-t-il assez de prises électriques pour l'ordinateur portable de chacun, si le workshop le nécessite ? L'éclairage est-il adapté à une projection ? Lorsque vous visitez les lieux, faites une liste du matériel disponible sur place et de celui que vous devrez vous-même fournir. Enfin, n'oubliez pas de tenir compte des desiderata des experts et, surtout, de tester la connexion internet dès votre arrivée sur place.

Pendant le workshop

Si vous avez bien organisé votre workshop, vous n'aurez plus qu'à aménager la salle et à recevoir les participants et les experts le jour J. Toutefois, puisque de petits imprévus peuvent toujours survenir, rendez-vous sur place suffisamment en avance pour prévoir d'éventuels changements de programme. Placez le planning en évidence pour qu'à leur arrivée, les participants soient au courant de ce qui les attend dans les heures ou les jours à venir. L'accueil est fondamental pour partir du bon pied : souriez, accueillez tout le monde avec chaleur et bonne humeur.

PETIT PLUS

Pour qu'un workshop soit efficace, veillez à ne pas composer un groupe trop grand. Plus ce dernier sera réduit, plus les échanges seront riches et fructueux. Au-delà de huit participants, il est préférable de créer des sous-groupes afin de s'assurer de la contribution de chacun durant les séances de travail.

Une fois le workshop entamé, il est essentiel que l'organisateur ne rate pas sa présentation. L'animateur et/ou organisateur se doi(ven)t d'accompagner chacun pour qu'aucune question ne reste en suspens. Son rôle premier est de s'assurer que tout soit bien clair pour tout le monde. Animer un workshop peut se faire de manières différentes, selon qu'il soit de courte ou de longue durée. Il existe aujourd'hui des méthodes modernes comme le « gamestorming », une technique d'innovation et d'encouragement de la créativité par le jeu. Cette pratique a été mise au point par Dave Gray, Sunni Brown et James Macanufo dans l'ouvrage *Gamestorming* paru en 2010. Vous préférez peut-être la méthode de créativité ASIT, qui mène à des solutions innovantes ou encore, le Business wargame, le Mind mapping, le Creative Problem Solving, etc.

Coin employeur

Pour amener votre équipe à rester concentrée, évitez de sortir du thème. Inutile de noyer les participants avec des informations hors sujet, d'autant plus quand le temps est compté. Recadrez toute personne qui s'égare et, surtout, ne vous perdez pas vous-même.

Les exemples d'animation suivants peuvent être repris durant votre workshop :

- **Le Philip 6x6** : cet exercice ne fonctionne que dans les grands groupes (au moins 18 personnes). L'animateur forme plusieurs groupes de six dans lesquels il nomme un « rapporteur ». Les équipes débattent d'un sujet pendant six minutes, ensuite les rapporteurs changent de groupe, résument la discussion précédente et relancent ainsi le débat dans le nouveau cercle de participants. Une fois le premier tour terminé, on désigne de nouveaux rapporteurs et le jeu recommence. Le but de l'exercice est de multiplier les arguments et de pouvoir les confronter à l'ensemble des participants. Pour les workshops moins conséquents, la variante de cet exercice est la « Boule de neige », pour lequel les participants sont répartis en plusieurs duos. Un premier couple débat sur une problématique, puis est rejoint par un deuxième au bout de dix minutes, et ainsi de suite jusqu'à ce que tous les duos soient regroupés.

- **Le quescussion** : simple à appliquer, cet exercice consiste à mener une discussion uniquement sous forme de questions. Le but n'est pas de répondre à la question, mais bien de clarifier les idées des participants, de leur permettre de mieux comprendre les interrogations et de les forcer à mieux formuler leurs idées. Les individus prennent la parole chacun leur tour, afin que tous puissent s'exprimer.

<u>**« QUI A LA PAROLE ? »**</u>

Afin de vous assurer que chaque participant ait l'occasion de se manifester, il est important de réguler le temps de parole. N'hésitez pas à employer des techniques telles que le « Bâton de parole », le « Tour de table » ou encore le « Ticket de parole ».

Durant le workshop, ne négligez pas les moments de détente. Prévoyez des en-cas et des pauses pendant la journée pour casser le rythme de travail et permettre à chacun de se déconnecter quelques minutes. Cela favorise également les échanges informels entre les participants. Si le workshop est de longue durée (plus de deux jours), prévoyez des moments de détente à l'extérieur du site. S'oxygéner et sortir de la salle ou de l'hôtel sera bénéfique sur le long terme. Vous pouvez aussi prévoir des activités en soirée pour renforcer les liens entre les participants.

L'évaluation finale

En fin de workshop, n'oubliez pas de distribuer un questionnaire d'évaluation à toutes les personnes présentes. Ces feed-back vous aideront à déterminer ce que vous devez améliorer. Centrez votre questionnaire sur la compréhension des objectifs, l'efficacité des animations, la bonne ambiance du workshop, l'organisation et les différentes interventions. Le mieux est encore d'opter pour un choix multiple (plusieurs possibilités de réponses à cocher). Cette évaluation, qui sera ni trop longue ni trop complexe peut également se faire sous forme de débriefing afin de laisser la parole aux participants et de recevoir leurs impressions « à chaud ». Cet échange peut en effet être profitable pour les participants et les organisateurs. Cependant, certains seront plus à l'aise et plus honnêtes avec un questionnaire anonyme.

Questionnaire de satisfaction

	Insatisfait	Satisfait	Bien	Très bien
Qualité d'accueil				
Mise à disposition des premières informations (planning, etc.)				
Qualité du lieu (facilité d'accès)				
Qualité de l'équipement et des locaux				
Ambiance du workshop				
Compréhension et traitement du sujet				
Animation du workshop				
Qualité des intervenants				
Qualité des repas				
Connaissances et compétences acquises				
Quels sont, selon vous, les points principaux à améliorer ?				

Vous ne devez pas attendre la fin du workshop pour procéder à l'évaluation. Durant son déroulement, prenez note des points qui posent problème.

Une fois votre atelier terminé, il est important de faire un retour auprès de tous les participants pour confirmer la réussite et le bon déroulement de ce dernier : un mot de remerciement, une photo souvenir, un compte-rendu des résultats, etc.

TOP CONSEILS

- **Vérifiez que tous les équipements fonc-tionnent correctement** avant le workshop. Rendez-vous en avance sur les lieux (la veille si besoin), afin de les contrôler.
- **Relancez les participants et les experts quelques jours ou semaines avant**, afin de vous assurer de la présence de tout le monde et pour éviter les mauvaises surprises dès le premier jour.
- **Préparez-vous à toutes les situations.** Il est évident que tout ne se passera pas comme vous l'aviez imaginé. Attendez-vous aux imprévus et anticipez-les afin de pouvoir réagir rapide-ment et efficacement en situation de crise. Par exemple : veillez à demander à chacun s'il suit un régime alimentaire bien précis ou s'il a des allergies. Cela vous évitera un aller-retour aux urgences en plein workshop.
- **N'hésitez pas vous entraîner,** pour être cer-tain de ne rien oublier lors des séances et de montrer de l'assurance face aux participants. Par ailleurs, vous vous sentirez plus à l'aise.

- **Prévoyez du matériel technique supplémentaire** ou un plan B au cas où un appareil viendrait à tomber en panne.
- **Installez la salle de manière à favoriser l'interaction entre les participants,** en cercle ou en U par exemple, afin que tout le monde puisse se voir et échanger facilement.
- **Veillez à garder une bonne ambiance au sein du groupe.** Ponctuez par exemple vos discours de quelques traits d'humour. Instaurez une atmosphère décontractée pour mettre à l'aise le groupe.
- **Variez les méthodes lors d'une même séance de travail.** Alternez sujet difficile et jeu de rôle afin de garder les participants concentrés. De plus, soyez attentif aux heures auxquelles vous planifiez les sujets les plus ardus. Ceux-ci seront mieux assimilés vers 10 et 15 heures.

> « Nous utilisons régulièrement des jeux de rôle pour rendre le workshop plus vivant, plus ludique et plus dynamique. Cela aide à la créativité ! » (Céline, chef de projet)

- **Ne lésinez pas sur l'élaboration de supports** (tableaux, graphiques, etc.) qui aideront les participants à se focaliser sur le sujet évoqué.

- **Affichez l'ordre du jour et le planning** de sorte qu'il soit bien visible pour tous. Si des ajustements sont réalisés durant le workshop, attirez bien l'attention sur le nouveau programme ; une simple annonce orale ne suffira pas.
- **Proposez des activités hors du cadre de l'atelier** : un restaurant, une visite sur le temps de midi, etc. Cela facilitera les échanges et renforcera le lien entre les participants, qui seront alors plus détendus.

FAQ

QUELLES SONT LES RÈGLES D'OR D'UN WORKSHOP EFFICACE ?

Lorsque l'on prépare un workshop, il faut veiller à toute une série de points, les 7P : définir le but (*Purpose*) du workshop et sa cible (*People*) ; se demander quel produit fini (*Product*) l'on cherche et quel sera le déroulement (*Process*) à mettre en place pour y arriver ; s'atteler à la préparation (*Preparation*) de l'atelier, avant de s'inquiéter de la logistique (*Practical concerns*) ; et enfin, le septième et les pièges à éviter (*Pitfalls*).

Pour être certain de n'avoir rien oublié dans la préparation de votre workshop, suivez les dix règles essentielles à la bonne organisation d'un événement de ce type :

- fixez les objectifs du workshop. Demandez-vous quels sont les buts de cet événement ;
- définissez le public cible pour pouvoir sélectionner les participants ;
- trouvez un bon titre pour votre sujet ;

- invitez les experts adéquats pour le workshop ;
- choisissez le lieu et la salle adaptés ;
- bloquez une date et un horaire et déterminez la durée du workshop (un ou plusieurs jours) ;
- envoyez les invitations aux participants et experts suffisamment à temps ;
- préparer votre budget prévisionnel ;
- élaborer un rétroplanning ;
- offrez un verre de bienvenue afin que tout le monde puisse apprendre à mieux se connaître.

<u>À ÉVITER</u>

Ne vous y prenez pas à la dernière minute, car un workshop productif, ça se prépare ! Plus on s'y prend au dernier moment, plus on va au-devant de problèmes et moins on aura le choix du lieu, des experts, du matériel technique, etc. Certains experts sont tellement demandés que leur agenda est bouclé des mois à l'avance. Il est donc préférable de commencer par envoyer les invitations. Ensuite, réserver le site afin de ne pas organiser « dans le vide ».

COMMENT SÉLECTIONNER LES PARTICIPANTS ?

Les participants seront choisis en fonction du type de workshop et des objectifs fixés par l'organisateur, mais aussi selon leur motivation. Pour qu'un workshop soit productif, il faut que les personnes présentes soient suffisamment déterminées et aient envie d'avancer avec les autres. Procédez à une sélection en vous basant sur des candidatures. Le mieux est d'exiger une lettre de motivation afin de pouvoir juger si le futur participant correspond au profil du workshop et si ses motivations sont suffisamment importantes. Ensuite, effectuez un entretien personnel afin de vous assurer que le candidat ait bien sa place au sein du workshop. Pour installer une bonne dynamique de groupe, le nombre de participants doit être limité à une dizaine de personnes au maximum (ou en plusieurs sous-groupes de maximum dix personnes).

COMMENT ORGANISER UN WORKSHOP SUR PLUSIEURS JOURS ?

Lors d'un workshop de longue durée (un ou plusieurs jours), mieux vaut varier les angles d'approche du thème afin que personne ne se lasse. Cela permettra également une meilleure compréhension du sujet pour tout le monde. Plus le workshop est long, plus il faut prévoir de marge dans le planning. Ne planifiez pas des journées trop longues au début et à la fin de l'atelier pour ménager participants et experts et favoriser un bon déroulement lors des séances. Organisez une réunion tous les matins avec l'animateur et les experts pour ne rien oublier.

COMMENT GARDER SES PARTICIPANTS MOTIVÉS TOUT AU LONG DE L'ÉVÉNEMENT ?

La règle principale pour garder les groupes de travail motivés est de se montrer enthousiaste et dynamique. Ensuite, abordez les sujets difficiles à des heures plus propices à la concentration (10 heures et 15 heures). N'oubliez pas de faire suffisamment de pauses pour laisser les participants s'aérer l'esprit. Faites en sorte que l'ambiance soit au beau fixe pour que la motivation et la bonne humeur soient communicatives.

COMMENT GÉRER LES IMPRÉVUS PENDANT LE WORKSHOP ?

Il s'agit d'anticiper au maximum. Lors de la préparation, pensez aux risques et aux problèmes qui pourraient surgir, et dès lors, prévoyez des solutions. Plus vous êtes prêt, plus il vous sera facile de gérer les imprévus. Pensez que, pendant le workshop, vous n'aurez probablement ni le temps ni le recul nécessaire pour trouver la bonne solution. Une autre manière de diminuer les risques est de faire une répétition générale avant le workshop, si possible sur les lieux de celui-ci. Vous parviendrez alors à pointer du doigt ce qui ne fonctionne pas. Prenez le temps de tester le matériel à l'avance afin d'éviter les soucis techniques.

QUELLE IMPORTANCE REVÊT LE DÉBRIEFING ?

Le débriefing permet de récolter les impressions et facilite les échanges entre les participants du workshop. Un débriefing n'est cependant pas suffisant pour aller au fond des choses. Un questionnaire d'évaluation peut être distribué aux personnes présentes en fin d'atelier en vue de relever rigoureusement les points positifs et négatifs.

QUELLES SONT LES QUALITÉS REQUISES POUR UN BON ORGANISATEUR ?

Pour réussir son workshop, plusieurs compétences se révèlent très utiles : être diplomate, pouvoir anticiper les problèmes, être enthousiaste, savoir communiquer et résister au stress, faire preuve d'empathie, être dynamique et polyvalent.

QUELS SONT LES ASPECTS TECHNIQUES À PRENDRE EN COMPTE ?

Le choix du lieu et de la(des) salle(s) qui accueillera(ont) le workshop est essentiel. Vérifiez si la salle possède un vidéoprojecteur et un *paperboard*. Dressez ensuite une liste des équipements techniques à fournir. Posez-vous les bonnes questions : la salle possède-t-elle un accès pour les personnes à mobilité réduite ? Est-elle facilement accessible en transports ? Est-elle modulable en fonction des activités prévues ?

À VOUS DE JOUER !

Pour ne rien oublier lors de l'élaboration de votre check-list, imaginez chaque étape du workshop, ce dont vous aurez besoin dans chaque situation et les efforts et tâches à réaliser pour parvenir à tout mettre en place. Posez-vous les bonnes questions et ne négligez aucun aspect :

- **Préparation** : quel est le sujet ? Quel est l'objectif du workshop ? Qui inviter ? Quand clôturer l'inscription des participants ? Où organiser le workshop ? Quelle en sera la durée ?
- **Accueil** : de quoi avez-vous besoin (logistique, documentation, technique) pour accueillir les participants et les intervenants ? Faut-il les loger ? Aller les chercher à la gare/à l'aéroport ? Quand arrivez-vous sur les lieux ?
- **Animation** : qui anime le workshop ? Quel sera l'horaire des séances de travail ? Quels experts inviter ? De quoi avez-vous besoin (logistique, documentation, technique) ? Quel

est le planning de la journée ? Faut-il organiser une sortie/un restaurant en soirée ?

- **Communication** : quand envoyer les invitations ? Faut-il faire de la publicité ? Dois-je lancer un site web pour l'événement ? Qui s'en occupe ?

Exemple de check-list

La préparation du workshop

- ☐ Fixer les objectifs
- ☐ Trouver un titre accrocheur
- ☐ Définir un public cible
- ☐ Sélectionner les experts
- ☐ Envoyer les invitations
- ☐ Choisir la date
- ☐ Réserver un lieu
- ☐ Établir le planning
- ☐ Lancer la publicité sur le site de l'entreprise

Aspect logistique

- ☐ Calculer le pré-budget
- ☐ Vérifier le matériel disponible
- ☐ Demander aux intervenants leurs conditions
- ☐ Faire la liste du matériel manquant
- ☐ Tester la connexion internet
- ☐ Réserver le traiteur
- ☐ Rédiger le questionnaire d'évaluation
- ☐ Réserver un restaurant pour une sortie

Le jour J

- ☐ Contrôler le matériel
- ☐ Préparer un verre de bienvenue
- ☐ Installer le planning à la vue de tous
- ☐ Aller chercher certains experts à l'aéroport

Parallèlement à votre check-list, notez le coût de chaque étape, chaque tâche, chaque réservation afin de réaliser votre budget prévisionnel. Pensez aussi à déduire le montant de l'inscription demandé aux participants.

LE RÉTROPLANNING

Pour réaliser votre rétroplanning, passez en revue chaque tâche à effectuer et, en partant de la date de fin de projet, remontez le temps pour déterminer quand celle-ci doit être réalisée au plus tard. Faites-le sous forme de tableau – Excel, de préférence – pour bien visualiser les échéances de chacune.

Exemple de rétroplanning

Tâches à effectuer	Par qui ?	Échéance
Déterminer le sujet		
Choisir une date		
Choisir un lieu		
Réserver un lieu		
Établir le budget prévisionnel		
Lancer le site internet (ou publier les informations sur un site déjà créé)		
Ouvrir les inscriptions		
Clôturer les inscriptions		
Sélectionner les participants		
Inviter des experts		
Réserver les transports		
Réserver les hôtels		
Faire le planning		
Imprimer le programme		

Tâches à effectuer	Par qui ?	Échéance
Organiser les sorties et/ou les restaurants		
Préparer le matériel		
Préparer les factures		
Envoyer les questionnaires d'évaluation		
Faire le bilan et les comptes		
Examiner les fiches d'évaluation		
Rédiger un rapport		
Etc.		

RÉPÉTITION GÉNÉRALE

Quelques jours avant l'événement, rendez-vous sur les lieux du workshop (si c'est physiquement possible) et anticipez chaque geste. Où allez-vous disposer l'accueil ? Où sera installé votre bureau ? Préparez votre discours de bienvenue et répétez-le à haute voix, si possible devant votre assistant ou votre collègue. Testez la disposition de la salle, regardez où vous afficherez le planning. Ces gestes vous aideront à évaluer ce que vous avez oublié et ce qu'il reste à réaliser avant le grand jour.

Votre avis nous intéresse !
Laissez un commentaire sur le site de votre
librairie en ligne et partagez vos coups de cœur sur
les réseaux sociaux !

POUR ALLER PLUS LOIN

SOURCES BIBLIOGRAPHIQUES

- « Conduire un workshop », in *Manager-Go*, septembre 2013, consulté le 1er juillet 2015.
http://www.manager-go.com/gestion-de-projet/dossiers-methodes/conduire-un-workshop

- FINOT (Jean-François), « Organiser un workshop, les règles d'or », in *Neoxia*, avril 2009, consulté le 1er juillet 2015.
http://blog.neoxia.com/organiser-un-workshop-les-regles-dor/

- GEDALGE (Pierre), « Qu'est-ce qui rend un groupe efficace », in *Hbrfrance*, décembre 2014, consulté le 1er juillet 2015.
http://www.hbrfrance.fr/chroniques-experts/2014/12/5314-quest-ce-qui-rend-un-groupe-efficace/

- « Les techniques d'animation », in *Asso-Alpe*, consulté le 27 juillet 2015.
http://www.asso-alpe.fr/fichiers/martial/page-joueraquoi/techniquesanimation.pdf

- MACANUFO (James), BROWN (Sunni) et GRAY (Dave), *Gamestorming : a Playbook for Innovators, Rulebreakers, and Changemakers*, New York, O'Reilly, 2010.

- Méthode de créativité ASIT, in *Asit*, consulté le
  21 juillet 2015.
  http://www.asit.info/

- METIU (Anca) et ROTHBARD (Nancy P.), « Task
  Bubbles, Artifacts, Shared Emotion, and Mutual
  Focus of Attention: A Comparative Study of
  The Microprocesses of Group Engagement »,
  in *Organization Science*, avril 2012, consulté le
  1er juillet 2015. http://pubsonline.informs.org/
  doi/10.1287/orsc.1120.0738

- PACAUD (Thierry), « Conseils pour organiser
  un séminaire ou un workshop idéal »,
  in *Team4Development*, consulté le 1er juillet 2015.
  http://www.team4development.fr/conseils-pour-
  organiser-un-seminaire-ou-un-workshop-ideal/

- SANTROT (Florence), « Dix règles d'or pour organiser un événement professionnel », in *Journal du
  Net*, novembre 2005, consulté le 1er juillet 2015.
  http://www.journaldunet.com/manage-
  ment/0511/0511109evenementiel.shtml

SOURCES COMPLÉMENTAIRES

- REYNOLDS (Garr), *Présentation zen. Pour des
  présentations plus simples, claires et percutantes*,
  Paris, Pearson, 2014.